MUREMCHET IVIS

LES AVENTURES

DU

DERNIER ABENCERAGE

PAR CHATEAUBRIAND

———✦———

LIBRAIRIE DE L. HACHETTE ET Cⁱᵉ

PARIS, 77, BOULEVARD SAINT-GERMAIN

LONDRES, 18, KING WILLIAM STREET, STRAND (W.C.)

LEIPZIG, 15, POST STRASSE

1867

PRIX : 1 FRANC

LES AVENTURES

DU

DERNIER ABENCERAGE

IMPRIMERIE GÉNÉRALE DE CH. LAHURE

Rue de Fleurus, 9, à Paris

LES AVENTURES

DU,

DERNIER ABENCERAGE

PAR CHATEAUBRIAND

LIBRAIRIE DE L. HACHETTE ET Cie

PARIS, 77, BOULEVARD SAINT-GERMAIN

LONDRES, 18, KING WILLIAM STREET, STRAND (W. C.)

LEIPZIG, 15, POST STRASSE

—

1867

LES AVENTURES

DU

DERNIER ABENCERAGE.

Lorsque Boabdill, dernier roi de Grenade, fut obligé d'abandonner le royaume de ses pères, il s'arrêta au sommet du mont Padul. De ce lieu élevé on découvrait la mer où l'infortuné monarque allait s'embarquer pour l'Afrique ; on apercevait aussi Grenade, la Véga et le Xénil, au bord duquel s'élevaient les tentes de Ferdinand et d'Isabelle. A la vue de ce beau pays, et des cyprès qui marquaient encore çà et là

1

les tombeaux des musulmans, Boabdil se
prit à verser des larmes. La sultane Aïxa,
sa mère, qui l'accompagnait dans son exil
avec les grands qui composaient jadis sa
cour, lui dit : « Pleure maintenant comme
une femme un royaume que tu n'as pas su
défendre comme un homme. » Ils descendirent de la montagne, et Grenade disparut à leurs yeux pour toujours.

Les Maures d'Espagne, qui partagèrent
le sort de leur roi, se dispersèrent en Afrique. Les tribus des Zégris et des Gomèles
s'établirent dans le royaume de Fez, dont
elles tiraient leur origine. Les Vanégas et
les Alabès s'arrêtèrent sur la côte, depuis
Oran jusqu'à Alger ; enfin les Abencerages
se fixèrent dans les environs de Tunis. Ils
formèrent, à la vue des ruines de Carthage,
une colonie que l'on distingue encore aujourd'hui des Maures d'Afrique par l'élégance de ses mœurs et la douceur de ses
lois.

Ces familles portèrent dans leur patrie

nouvelle le souvenir de leur ancienne patrie.
Le *Paradis de Grenade* vivait toujours dans
leur mémoire ; les mères en redisaient le
nom aux enfants qui suçaient encore la ma-
melle. Elles les berçaient avec les roman-
ces des Zégris et des Abencerages. Tous
les cinq jours on priait dans la mosquée
en se tournant vers Grenade. On invo-
quait Allah, afin qu'il rendît à ses élus
cette terre de délices. En vain le pays des
Lotophages offrait aux exilés ses fruits, ses
eaux, sa verdure, son brillant soleil : loin
des *Tours vermeilles*[1], il n'y avait ni fruits
agréables, ni fontaines limpides, ni fraîche
verdure, ni soleil digne d'être regardé. Si
l'on montrait à quelque banni les plaines
de la Bagrada, il secouait la tête et s'écriait
en soupirant : « Grenade ! »

Les Abencerages surtout conservaient le
plus tendre et le plus fidèle souvenir de la
patrie. Ils avaient quitté avec un mortel

1. Tours du palais de Grenade.

regret le théâtre de leur gloire, et les bords qu'ils firent si souvent retentir de ce cri d'armes : « Honneur et Amour. » Ne pouvant plus lever la lance dans les déserts, ni se couvrir du casque dans une colonie de laboureurs, ils s'étaient consacrés à l'étude des simples, profession estimée chez les Arabes à l'égal du métier des armes. Ainsi cette race de guerriers, qui jadis faisait des blessures, s'occupait maintenant de l'art de les guérir. En cela, elle avait retenu quelque chose de son premier génie ; car les chevaliers pansaient souvent eux-mêmes les plaies de l'ennemi qu'ils avaient abattu.

La cabane de cette famille qui jadis eut des palais n'était point placée dans le hameau des autres exilés, au pied de la montagne du Mamelife ; elle était bâtie parmi les débris mêmes de Carthage, au bord de la mer, dans l'endroit où saint Louis mourut sur la cendre, et où l'on voit aujourd'hui un ermitage mahométan. Aux mu-

railles de la cabane étaient attachés des
boucliers de peau de lion, qui portaient
empreintes sur un champ d'azur deux figu-
res de sauvages brisant une ville avec une
massue. Autour de cette devise on lisait
ces mots : *C'est peu de chose !* armes et
devise des Abencerages. Des lances ornées
de pennons blancs et bleus, des alburnos,
des casaques de satin tailladé, étaient ran-
gés auprès des boucliers, et brillaient au
milieu des cimeterres et des poignards. On
voyait encore suspendus çà et là des gan-
telets, des mors enrichis de pierreries, de
larges étriers d'argent, de longues épées
dont le fourreau avait été brodé par les
mains des princesses, et des éperons d'or
que les Yseult, les Genièvre, les Oriane,
chaussèrent jadis à de vaillants chevaliers.

Sur des tables, au pied de ces trophées
de la gloire, étaient posés des trophées d'une
vie pacifique : c'étaient des plantes cueil-
lies sur les sommets de l'Atlas et dans le
désert de Zaara, plusieurs même avaient

été apportées de la plaine de Grenade. Les unes étaient propres à soulager les maux du corps ; les autres devaient étendre leur pouvoir jusque sur les chagrins de l'âme. Les Abencerages estimaient surtout celles qui servaient à calmer les vains regrets, à dissiper les folles illusions, et ces espérances de bonheur toujours naissantes, toujours déçues. Malheureusement ces simples avaient des vertus opposées, et souvent le parfum d'une fleur de la patrie était comme une espèce de poison pour les illustres bannis.

Vingt-quatre ans s'étaient écoulés depuis la prise de Grenade. Dans ce court espace de temps, quatorze Abencerages avaient péri par l'influence d'un nouveau climat, par les accidents d'une vie errante, et surtout par le chagrin qui mine sourdement les forces de l'homme. Un seul rejeton était tout l'espoir de cette maison fameuse. Aben-Hamet portait le nom de cet Abencerage qui fut accusé par les Zé-

gris d'avoir séduit la sultane Alfaïma. Il
réunissait en lui la beauté, la valeur, la
courtoisie, la générosité de ses ancêtres,
avec ce doux éclat et cette légère expres-
sion de tristesse que donne le malheur
noblement supporté. Il n'avait que vingt-
deux ans lorsqu'il perdit son père. Il ré-
solut alors de faire un pèlerinage au pays
de ses aïeux, afin de satisfaire au besoin
de son cœur, et d'accomplir un dessein
qu'il cacha soigneusement à sa mère.

Il s'embarque à l'échelle de Tunis ; un
vent favorable le conduit à Carthagène ; il
descend du navire, et prend aussitôt la
route de Grenade : il s'annonçait comme
un médecin arabe qui venait herboriser
parmi les rochers de la Sierra-Nevada.
Une mule paisible le portait lentement
dans le pays où les Abencerages volaient
jadis sur de belliqueux coursiers : un guide
marchait en avant, conduisant deux autres
mules ornées de sonnettes et de touffes de
laine de diverses couleurs. Aben-Hamet

traversa les grandes bruyères et les bois de
palmiers du royaume de Murcie : à la
vieillesse de ces palmiers, il jugea qu'ils
devaient avoir été plantés par ses pères,
et son cœur fut pénétré de regrets. Là s'é-
levait une tour où veillait la sentinelle au
temps de la guerre des Maures et des
chrétiens ; ici se montrait une ruine dont
l'architecture annonçait une origine mauresque ; autre sujet de douleur pour l'A-
bencerage ! Il descendait de sa mule, et,
sous prétexte de chercher des plantes, il se
cachait un moment dans ces débris, pour
donner un libre cours à ses larmes. Il re-
prenait ensuite sa route, en rêvant au
bruit des sonnettes de la caravane et au
chant monotone de son guide. Celui-ci
n'interrompait sa longue romance que
pour encourager ses mules, en leur don-
nant le nom de *belles* et de *valeureuses*,
ou pour les gourmander, en les appelant
paresseuses et *obstinées*.

Des troupeaux de moutons qu'un berger conduisait comme une armée dans des plaines jaunes et incultes, quelques voyageurs solitaires, loin de répandre la vie sur le chemin, ne servaient qu'à le faire paraître plus triste et plus désert. Ces voyageurs portaient tous une épée à la ceinture : ils étaient enveloppés dans un manteau, et un large chapeau rabattu leur couvrait à demi le visage. Ils saluaient en passant Aben-Hamet, qui ne distinguait dans ce noble salut que le nom de *Dieu*, de *Seigneur* et de *Chevalier*. Le soir, à la *venta*, l'Abencerage prenait sa place au milieu des étrangers, sans être importuné de leur curiosité indiscrète. On ne lui parlait point, on ne le questionnait point ; son turban, sa robe, ses armes, n'excitaient aucun mouvement. Puisque Allah avait voulu que les Maures d'Espagne perdissent leur belle patrie, Aben-Hamet ne pouvait s'empêcher d'en estimer les graves conquérants.

Des émotions encore plus vives atten-

daient l'Abencerage au terme de sa course.
Grenade est bâtie au pied de la Sierra-Nevada, sur deux hautes collines que sépare
une profonde vallée. Les maisons placées
sur la pente des coteaux, dans l'enfoncement de la vallée, donnent à la ville l'air
et la forme d'une grenade entr'ouverte,
d'où lui est venu son nom. Deux rivières,
le Xénil et le Douro, dont l'une roule des
paillettes d'or, et l'autre des sables d'argent, lavent le pied des collines, se réunis-
sent, et serpentent ensuite au milieu d'une
plaine charmante appelée la Véga. Cette
plaine, que domine Grenade, est couverte
de vignes, de grenadiers, de figuiers, de
mûriers, d'orangers ; elle est entourée par
des montagnes d'une forme et d'une couleur admirables. Un ciel enchanté, un air
pur et délicieux, portent dans l'âme une
langueur secrète, dont le voyageur qui ne
fait que passer a même de la peine à se défendre. On sent que, dans ce pays, les
tendres passions auraient promptement

étouffé les passions héroïques, si l'amour,
pour être véritable, n'avait pas toujours besoin d'être accompagné de la
gloire.

Lorsque Aben-Hamet découvrit le faîte
des premiers édifices de Grenade, le cœur
lui battit avec tant de violence qu'il fut
obligé d'arrêter sa mule. Il croisa les bras
sur sa poitrine, et, les yeux attachés sur la
ville sacrée, il resta muet et immobile. Le
guide s'arrêta à son tour; et, comme tous
les sentiments élevés sont aisément com-
pris d'un Espagnol, il parut touché, et
devina que le Maure revoyait son ancienne
patrie. L'Abencerage rompit enfin le silence :

« Guide, s'écria-t-il, sois heureux! Ne
me cache point la vérité, car le calme régnait dans les flots le jour de ta naissance,
et la lune entrait dans son croissant.
Quelles sont ces tours qui brillent comme
des étoiles au-dessus d'une verte forêt ?

— C'est l'Alhambra, répondit le guide.

— Et cet autre château sur cette autre colline ? dit Aben-Hamet.

— C'est le Généralife, répliqua l'Espagnol. Il y a dans ce château un jardin planté de myrtes, où l'on prétend qu'Abencerage fut surpris avec la sultane Alfaïma. Plus loin vous voyez l'Albaïzyn, et, plus près de nous, les Tours vermeilles. »

Chaque mot du guide perçait le cœur d'Aben-Hamet. Qu'il est cruel d'avoir recours à des étrangers pour apprendre à connaître les monuments de ses pères, et de se faire raconter par des indifférents l'histoire de sa famille et de ses amis! Le guide, mettant fin aux réflexions d'Aben-Hamet, s'écria : « Marchons, seigneur maure; marchons, Dieu l'a voulu! Prenez courage. François Ier n'est-il pas aujourd'hui même prisonnier dans notre Madrid ? Dieu l'a voulu. » Il ôta son chapeau, fit un grand signe de croix, et frappa ses mules. L'Abencerage, pressant la sienne à son tour, s'écria : « C'était écrit; » et ils descendirent vers Grenade.

Ils passèrent près du gros frêne célèbre par le combat de Muça et du grand maître de Calatrava, sous le dernier roi de Grenade. Ils firent le tour de la promenade Alameïda, et pénétrèrent dans la cité par la porte d'Elvire. Ils remontèrent le Rambla, et arrivèrent bientôt sur une place qu'environnaient de toutes parts des maisons d'architecture mauresque. Un kan était ouvert sur cette place pour les Maures d'Afrique, que le commerce de soies de la Véga attirait en foule à Grenade. Ce fut là que le guide conduisit Aben-Hamet.

L'Abencerage était trop agité pour goûter un peu de repos dans sa nouvelle demeure; la patrie le tourmentait. Ne pouvant résister aux sentiments qui troublaient son cœur, il sortit au milieu de la nuit pour errer dans les rues de Grenade. Il essayait de reconnaître, avec ses yeux ou ses mains, quelques-uns des monuments que les vieillards lui avaient si souvent décrits. Peut-être que ce haut édifice dont il entrevoyait les murs à travers les ténèbres était autrefois la demeure des Abencerages ; peut-être était-ce sur cette place solitaire que se donnaient ces fêtes qui portèrent la gloire de Grenade jusqu'aux nues. Là passaient les quadrilles superbement vêtus de brocarts ; là s'avançaient les galères chargées d'armes et de fleurs, les dragons qui lançaient des feux et qui recélaient dans leurs flancs d'illustres guerriers : ingénieuses inventions du plaisir et de la galanterie.

Mais, hélas ! au lieu du son des anafins, du bruit des trompettes et des chants d'amour, un silence profond régnait autour d'Aben-Hamet. Cette ville muette avait changé d'habitants, et les vainqueurs reposaient sur la couche des vaincus. « Ils dorment donc, ces fiers Espagnols, s'écriait le jeune Maure indigné, sous ces toits dont ils ont exilé mes aïeux ! Et moi, Abence-

rage, je veille inconnu, solitaire, délaissé,
à la porte du palais de mes pères ! »

Aben-Hamet réfléchissait alors sur les
destinées humaines, sur les vicissitudes de
la fortune, sur la chute des empires, sur
cette Grenade enfin, surprise par ses ennemis au milieu des plaisirs, et changeant
tout à coup ses guirlandes de fleurs contre
des chaînes ; il lui semblait voir ses citoyens
abandonnant leurs foyers en habits de fête,
comme des convives qui, dans le désordre
de leur parure, sont tout à coup chassés
de la salle du festin par un incendie.

Toutes ces images, toutes ces pensées se
pressaient dans l'âme d'Aben-Hamet ; plein
de douleur et de regret, il songeait surtout à exécuter le projet qui l'avait amené
à Grenade : le jour le surprit. L'Abencerage s'était égaré : il se trouvait loin du
kan, dans un faubourg écarté de la ville.
Tout dormait ; aucun bruit ne troublait le
silence des rues ; les portes et les fenêtres
des maisons étaient fermées : seulement la

voix du coq proclamait dans l'habitation
du pauvre le retour des peines et des tra-
vaux.

Après avoir erré longtemps sans pouvoir
retrouver sa route, Aben-Hamet entendit
une porte s'ouvrir. Il vit sortir une jeune
femme, vêtue à peu près comme ces reines
gothiques sculptées sur les monuments de
nos anciennes abbayes. Son corset noir,
garni de jais, serrait sa taille élégante;
son jupon court, étroit et sans plis, découvrait une jambe fine et un pied charmant;
une mantille également noire était jetée sur
sa tête : elle tenait avec sa main gauche
cette mantille croisée et fermée comme une
guimpe au-dessous de son menton, de sorte
que l'on n'apercevait de tout son visage
que ses grands yeux et sa bouche de rose.
Une duègne accompagnait ses pas; un
page portait devant elle un livre d'église;
deux varlets, parés de ses couleurs, sui-
vaient à quelque distance la belle inconnue : elle se rendait à la prière matinale,

que les tintements d'une cloche annonçaient dans un monastère voisin.

Aben-Hamet crut voir l'ange Israfil, ou la plus jeune des houris. L'Espagnole, non moins surprise, regardait l'Abencerage, dont le turban, la robe et les armes, embellissaient encore la noble figure. Revenue de son premier étonnement, elle fit signe à l'étranger de s'approcher, avec une grâce et une liberté particulières aux femmes de ce pays. « Seigneur Maure, lui dit-elle, vous paraissez nouvellement arrivé à Grenade : vous seriez-vous égaré?

— Sultane des fleurs, répondit Aben-Hamet, délices des yeux des hommes, ô esclave chrétienne, plus belle que les vierges de la Géorgie, tu l'as deviné! je suis étranger dans cette ville : perdu au milieu de ces palais, je n'ai pu retrouver le kan des Maures. Que Mahomet touche ton cœur et récompense ton hospitalité!

— Les Maures sont renommés pour leur galanterie, reprit l'Espagnole avec le plus

2

doux sourire; mais je ne suis ni sultane
des fleurs, ni esclave, ni contente d'être
recommandée à Mahomet. Suivez-moi, seigneur chevalier : je vais vous reconduire
au kan des Maures. »

Elle marcha légèrement devant l'Abencerage, le mena jusqu'à la porte du kan,
le lui montra de la main, passa derrière un
palais, et disparut.

A quoi tient donc le repos de la vie! La
patrie n'occupe plus seule et tout entière
l'âme d'Aben-Hamet : Grenade a cessé
d'être pour lui déserte, abandonnée, veuve,
solitaire; elle est plus chère que jamais à
son cœur, mais c'est un prestige nouveau
qui embellit ses ruines : au souvenir des
aïeux se mêle à présent un autre charme.
Aben-Hamet a découvert le cimetière où
reposent les cendres des Abencerages ; mais
en versant des larmes filiales, il songe que
la jeune Espagnole a passé quelquefois sur
ces tombeaux, et il ne trouve plus ses ancêtres si malheureux.

C'est en vain qu'il ne veut s'occuper
que de son pèlerinage au pays de ses pères;
c'est en vain qu'il parcourt les coteaux du
Douro et du Xénil, pour y recueillir des
plantes au lever de l'aurore : la fleur qu'il
cherche maintenant, c'est la belle chrétienne. Que d'inutiles efforts il a déjà ten-
tés pour retrouver le palais de son enchanteresse ! Que de fois il a essayé de repas-
ser par les chemins que lui fit parcourir son
divin guide! Que de fois il a cru reconnaître le son de cette cloche, le chant de
ce coq qu'il entendit près de la demeure
de l'Espagnole! Trompé par des bruits
pareils, il court aussitôt de ce côté, et le
palais magique ne s'offre point à ses
regards ! Souvent encore le vêtement uni-
forme des femmes de Grenade lui donnait
un moment d'espoir : de loin, toutes les
chrétiennes ressemblaient à la maîtresse de
son cœur; de près, pas une n'avait sa
beauté ou sa grâce. Aben-Hamet avait
enfin parcouru les églises pour découvrir

l'étrangère, il avait même pénétré jusqu'à
la tombe de Ferdinand et d'Isabelle; mais
c'était aussi le plus grand sacrifice qu'il eût
jusqu'alors fait à l'amour.

Un jour il herborisait dans la vallée du
Douro. Le coteau du midi soutenait sur sa
pente fleurie les murailles de l'Alhambra
et les jardins du Généralife; la colline du
nord était décorée par l'Albaïzyn, par de
riants vergers, et par des grottes qu'habi-
tait un peuple nombreux. A l'extrémité
occidentale de la vallée, on découvrait les
clochers de Grenade qui s'élevaient en
groupe au milieu des chênes verts et des
cyprès. A l'autre extrémité, vers l'orient,
l'œil rencontrait, sur des pointes de rochers, des couvents, des ermitages, quelques ruines de l'ancienne Illibérie, et
dans le lointain les sommets de la Sierra-
Nevada. Le Douro roulait au milieu
du vallon, et présentait le long de son
cours de frais moulins, de bruyantes
cascades, les arches brisées d'un aqueduc

romain, et les restes d'un pont du temps des Maures.

Aben-Hamet n'était plus ni assez infortuné ni assez heureux pour bien goûter le charme de la solitude : il parcourait avec distraction et indifférence ces bords enchantés. En marchant à l'aventure, il suivit une allée d'arbres qui circulait sur la pente du coteau de l'Albaïzyn. Une maison de campagne, environnée d'un bocage d'orangers, s'offrit bientôt à ses yeux : en approchant du bocage, il entendit les sons d'une voix et d'une guitare. Entre la voix, les traits et les regards d'une femme, il y a des rapports qui ne trompent jamais un homme que l'amour possède. « C'est ma houri! » dit Aben-Hamet; et il écoute, le cœur palpitant : au nom des Abencerages plusieurs fois répété, son cœur bat encore plus vite. L'inconnue chantait une romance castillane qui retraçait l'histoire des Abencerages et des Zégris. Aben-Hamet ne peut plus résister à son émotion; il s'é-

lance à travers une haie de myrtes, et tombe
au milieu d'une troupe de jeunes femmes
effrayées, qui fuient en poussant des cris.
L'Espagnole qui venait de chanter, et qui
tenait encore la guitare, s'écrie : « C'est
le seigneur maure ! » et elle rappelle ses
compagnes. « Favorite des génies, dit l'A-
bencerage, je te cherchais comme l'Arabe
cherche une source dans l'ardeur du midi ;
j'ai entendu les sons de ta guitare, tu célé-
brais les héros de mon pays ; je t'ai devinée
à la beauté de tes accents, et j'apporte à
tes pieds le cœur d'Aben-Hamet.

— Et moi, répondit dona Blanca, c'était
en pensant à vous que je redisais la romance des Abencerages. Depuis que je
vous ai vu, je me suis figuré que ces chevaliers maures vous ressemblaient. »

Une légère rougeur monta au front de
Blanca en prononçant ces mots. Aben-
Hamet se sentit prêt à tomber aux genoux
de la jeune chrétienne, à lui déclarer qu'il
était le dernier Abencerage ; mais un reste

de prudence le retint; il craignit que son
nom, trop fameux à Grenade, ne donnât
des inquiétudes au gouverneur. La guerre
des Morisques était à peine terminée, et la
présence d'un Abencerage dans ce moment
pouvait inspirer aux Espagnols de justes
craintes. Ce n'est pas qu'Aben-Hamet s'ef-
frayât d'aucun péril ; mais il frémissait à
la pensée d'être obligé de s'éloigner pour
jamais de la fille de don Rodrigue.

Dona Blanca descendait d'une famille
qui tirait son origine du Cid de Bivar et de
Chimène, fille du comte Gomez de Gor-
mas. La postérité du vainqueur de Va-
lence la Belle tomba, par l'ingratitude de
la cour de Castille, dans une extrême pau-
vreté ; on crut même pendant plusieurs
siècles qu'elle s'était éteinte, tant elle devint obscure. Mais, vers le temps de la
conquête de Grenade, un dernier rejeton
de la race des Bivars, l'aïeul de Blanca, se
fit reconnaître moins encore à ses titres
qu'à l'éclat de sa valeur. Après l'expulsion

des infidèles, Ferdinand donna au descendant du Cid les biens de plusieurs familles maures, et le créa duc de Santa-Fé. Le nouveau duc fixa sa demeure à Grenade, et mourut jeune encore, laissant un fils unique déjà marié, don Rodrigue, père de Blanca.

Dona Thérésa de Xérès, femme de don Rodrigue, mit au jour un fils qui reçut à sa naissance le nom de Rodrigue comme tous ses aïeux, mais que l'on appela don Carlos, pour le distinguer de son père. Les grands événements que don Carlos eut sous les yeux dès sa plus tendre jeunesse, les périls auxquels il fut exposé presque au sortir de l'enfance, ne firent que rendre plus grave et plus rigide un caractère naturellement porté à l'austérité. Don Carlos comptait à peine quatorze ans lorsqu'il suivit Cortès au Mexique : il avait supporté tous les dangers, il avait été témoin de toutes les horreurs de cette étonnante aventure ; il avait assisté à la chute du dernier roi d'un

monde jusqu'alors inconnu. Trois ans
après cette catastrophe, don Carlos s'était
trouvé en Europe à la bataille de Pavie,
comme pour voir l'honneur et la vaillance
couronnés succomber sous les coups de la
fortune. L'aspect d'un nouvel univers, de
longs voyages sur des mers non encore
parcourues, le spectacle des révolutions et
des vicissitudes du sort, avaient fortement
ébranlé l'imagination religieuse et mélan-
colique de don Carlos : il était entré dans
l'ordre chevaleresque de Calatrava, et,
renonçant au mariage malgré les prières
de don Rodrigue, il destinait tous ses biens
à sa sœur.

Blanca de Bivar, sœur unique de don
Carlos, et beaucoup plus jeune que lui,
était l'idole de son père : elle avait perdu
sa mère, et elle entrait dans sa dix-hui-
tième année lorsque Haben-Hamet parut
à Grenade. Tout était séduction dans cette
femme enchanteresse : sa voix était ravis-
sante; sa danse, plus légère que le zéphyr :

tantôt elle se plaisait à guider un char
comme Armide, tantôt elle volait sur le
dos du plus rapide coursier d'Andalousie,
comme ces fées charmantes qui apparais-
saient à Tristan et à Galaor dans les fo-
rêts. Athènes l'eût prise pour Aspasie, et
Paris pour Diane de Poitiers qui commençait à briller à la cour. Mais, avec les
charmes d'une Française, elle avait les passions d'une Espagnole ; et sa coquetterie
naturelle n'ôtait rien à la sûreté, à la constance, à la force, à l'élévation des sentiments de son cœur.

Aux cris qu'avaient poussés les jeunes
Espagnoles lorsqu'Aben-Hamet s'était élan-
cé dans le bocage, don Rodrigue était ac-
couru. « Mon père, dit Blanca, voilà le
seigneur maure dont je vous ai parlé. Il
m'a entendue chanter, il m'a reconnue ; il
est entré dans le jardin, pour me remercier de lui avoir enseigné sa route. »

Le duc de Santa-Fé reçut l'Abencerage
avec la politesse grave et pourtant naïve

des Espagnols. On ne remarque chez cette
nation aucun de ces airs serviles, aucun
de ces tours de phrase qui annoncent l'ab-
jection des pensées et la dégradation de
l'âme. La langue du grand seigneur et du
paysan est la même; le salut, le même;
les compliments, les habitudes, les usages,
sont les mêmes. Autant la confiance et la
générosité de ce peuple envers les étrangers
sont sans bornes, autant sa vengeance est
terrible quand on le trahit. D'un courage
héroïque, d'une patience à toute épreuve,
incapable de céder à la mauvaise fortune,
il faut qu'il la dompte ou qu'il en soit
écrasé. Il a peu de ce qu'on appelle esprit;
mais les passions exaltées lui tiennent lieu
de cette lumière qui vient de la finesse et
de l'abondance des idées. Un Espagnol
qui passe le jour sans parler, qui n'a rien
vu, qui ne se soucie de rien voir, qui n'a rien
lu, rien étudié, rien comparé, trouvera dans
la grandeur de ses résolutions les ressour-
ces nécessaires au moment de l'adversité.

C'était le jour de la naissance de don
Rodrigue, et Blanca donnait à son père
une *tertullia*, ou petite fête, dans cette
charmante solitude. Le duc de Santa-Fé
invita Aben-Hamet à s'asseoir au milieu
des jeunes femmes, qui s'amusaient du
turban et de la robe de l'étranger. On
apporta des carreaux de velours, et l'Abencerage se reposa sur ces carreaux à la façon
des Maures. On lui fit des questions sur
son pays et sur ses aventures : il y répondit avec esprit et gaieté. Il parlait le cas-
tillan le plus pur ; on aurait pu le prendre
pour un Espagnol, s'il n'eût presque toujours dit *toi* au lieu de *vous*. Ce mot avait
quelque chose de si doux dans sa bouche,
que Blanca ne pouvait se défendre d'un
secret dépit lorsqu'il s'adressait à l'une de
ses compagnes.

De nombreux serviteurs parurent : ils
portaient le chocolat, les pâtes de fruits et
les petits pains de sucre de Malaga, blancs
comme la neige, poreux et légers comme

des éponges. Après le *refresco*, on pria
Blanca d'exécuter une de ces danses de
caractère, où elle surpassait les plus habiles
guitanas. Elle fut obligée de céder aux
vœux de ses amies. Aben-Hamet avait gardé
le silence ; mais ses regards suppliants par-
laient au défaut de sa bouche. Blanca
choisit une zambra, danse expressive
que les Espagnols ont empruntée des
Maures.

Une des jeunes femmes commence à
jouer sur la guitare l'air de la danse étrangère. La fille de don Rodrigue ôte son
voile, et attache à ses mains blanches des
castagnettes de bois d'ébène. Ses cheveux
noirs tombent en boucles sur son cou
d'albâtre ; sa bouche et ses yeux sourient
de concert ; son teint est animé par le
mouvement de son cœur. Tout à coup elle
fait retentir le bruyant ébène, frappe trois
fois la mesure, entonne le chant de la
zambra, et, mêlant sa voix au son de la
guitare, elle part comme un éclair.

Quelle variété dans ses pas! quelle élégance dans ses attitudes! Tantôt elle lève ses bras avec vivacité, tantôt elle les laisse retomber avec mollesse. Quelquefois elle s'élance comme énivrée de plaisir, et se retire comme accablée de douleur. Elle tourne la tête, semble appeler quelqu'un d'invisible, tend modestement une joue vermeille au baiser d'un nouvel époux, fuit honteuse, revient brillante et consolée, marche d'un pas noble et presque guerrier, puis voltige de nouveau sur le gazon. L'harmonie de ses pas, de ses chants et des sons de sa guitare était parfaite. La voix de Blanca, légèrement voilée, avait cette sorte d'accent qui remue les passions jusqu'au fond de l'âme. La musique espagnole, composée de soupirs, de mouvements vifs, de refrains tristes, de chants subitement arrêtés, offre un singulier mélange de gaieté et de mélancolie. Cette musique et cette danse fixèrent sans retour le destin du dernier Abencerage : elles auraient suffi pour troubler un cœur moins malade que le sien.

On retourna le soir à Grenade, par la vallée du Douro. Don Rodrigue, charmé des manières nobles et polies d'Aben-Hamet, ne voulut point se séparer de lui qu'il ne lui eût promis de venir souvent amuser Blanca des merveilleux récits de l'Orient. Le Maure, au comble de ses vœux, accepta l'invitation du duc de Santa-Fé ; et dès le lendemain il se rendit au palais où respirait celle qu'il aimait plus que la lumière du jour.

Blanca se trouva bientôt engagée dans une passion profonde, par l'impossibilité même où elle crut être d'éprouver jamais cette passion. Aimer un infidèle, un Maure, un inconnu, lui paraissait une chose si étrange, qu'elle ne prit aucune précaution contre le mal qui commençait à se glisser dans ses veines ; mais aussitôt qu'elle en reconnut les atteintes, elle accepta ce mal en véritable Espagnole. Les périls et les chagrins qu'elle prévit ne la firent point reculer au bord de l'abîme, ni délibérer longtemps avec son cœur. Elle se dit : « Qu'Aben-Hamet soit chrétien , qu'il m'aime, et je le suis au bout de la terre. »

L'Abencerage ressentait de son côté toute la puissance d'une passion irrésistible : il ne vivait plus que pour Blanca. Il ne s'occupait plus des projets qui l'avaient amené à Grenade : il lui était facile d'obtenir les éclaircissements qu'il était venu chercher ; mais tout autre intérêt que celui de son amour s'était évanoui à ses yeux. Il redoutait même des lumières qui auraient pu apporter des changements dans sa vie. Il ne demandait rien, il ne voulait rien connaître ; il se disait : « Que Blanca soit musulmane, qu'elle m'aime, et je la sers jusqu'à mon dernier soupir. »

Aben-Hamet et Blanca, ainsi fixés dans leur résolution, n'attendaient que le moment de se découvrir leurs sentiments. On était alors dans les plus beaux jours de

l'année. « Vous n'avez point encore vu
l'Alhambra, dit la fille du duc de Santa-
Fé à l'Abencerage. Si j'en crois quelques
paroles qui vous sont échappées, votre famille est originaire de Grenade. Peut-être
serez-vous bien aise de visiter le palais de
vos anciens rois? Je veux moi-même ce
soir vous servir de guide. »

Aben-Hamet jura par le prophète que
jamais promenade ne pouvait lui être plus
agréable.

L'heure fixée pour le pèlerinage de
l'Alhambra étant arrivée, la fille de don
Rodrigue monta sur une haquenée blanche,
accoutumée à gravir les rochers comme
un chevreuil. Aben-Hamet accompagnait
la brillante Espagnole sur un cheval anda-
lous, équipé à la manière des Turcs. Dans
la course rapide du jeune Maure, sa robe
de pourpre s'enflait derrière lui, son sabre
recourbé retentissait sur la selle élevée, et
le vent agitait l'aigrette dont son turban
était surmonté. Le peuple, charmé de sa

bonne grâce, disait en le regardant passer :
« C'est un prince infidèle que dona Blanca
va convertir. »

Ils suivirent d'abord une longue rue qui
portait encore le nom d'une illustre famille maure ; cette rue aboutissait à l'enceinte extérieure de l'Alhambra. Ils tra-
versèrent ensuite un bois d'ormeaux,
arrivèrent à une fontaine, et se trouvèrent
bientôt devant l'enceinte intérieure du palais de Boabdil. Dans une muraille flanquée
de tours et surmontée de créneaux, s'ou-
vrait une porte appelée *la Porte du jugement*. Ils franchirent cette première porte
et s'avancèrent par un chemin étroit qui
serpentait entre de hauts murs et des ma-
sures à demi ruinées. Ce chemin les conduisit à la place des Algibes, près de laquelle Charles-Quint faisait alors élever un
palais. De là, tournant vers le nord, ils
s'arrêtèrent dans une cour déserte, au
pied d'un mur sans ornements, et dégradé
par les âges. Aben-Hamet, sautant légère-

ment à terre, offrit la main à Blanca pour descendre de sa mule. Les serviteurs frappèrent à une porte abandonnée, dont l'herbe cachait le seuil : la porte s'ouvrit et laissa voir tout à coup les réduits secrets de l'Alhambra.

Tous les charmes, tous les regrets de la patrie, mêlés aux prestiges de l'amour, saisirent le cœur du dernier Abencerage. Immobile et muet, il plongeait des regards étonnés dans cette habitation des génies ; il croyait être transporté à l'entrée d'un de ces palais dont on lit la description dans les contes arabes. De légères galeries, des canaux de marbre blanc bordés de citronniers et d'orangers en fleur, des fontaines, des cours solitaires s'offraient de toutes parts aux yeux d'Aben-Hamet, et, à travers les voûtes allongées des portiques, il apercevait d'autres labyrinthes et de nouveaux enchantements. L'azur du plus beau ciel se montrait entre des colonnes qui soutenaient une chaîne d'arceaux gothi-

ques. Les murs, chargés d'arabesques, imi-
taient à la vue ces étoffes de l'Orient que
brode, dans l'ennui du harem, le caprice
d'une femme esclave. Quelque chose de
voluptueux, de religieux et de guerrier
semblait respirer dans ce magique édifice;
espèce de cloître de l'amour, retraite mys-
térieuse où les rois maures goûtaient tous
les plaisirs et oubliaient tous les devoirs de
la vie.

Après quelques instants de surprise et
de silence, les deux amants entrèrent dans
ce séjour de la puissance évanouie et des
félicités passées. Ils firent d'abord le tour
de la salle des Mésucar, au milieu du parfum des fleurs et de la fraîcheur des eaux.
Ils pénétrèrent ensuite dans la cour des
Lions. L'émotion d'Aben-Hamet augmen-
tait à chaque pas. « Si tu ne remplissais
mon âme de délices, dit-il à Blanca, avec
quel chagrin me verrais-je obligé de te
demander, à toi Espagnole, l'histoire
de ces demeures! Ah! ces lieux sont

faits pour servir de retraite au bonheur;
et moi!... »

Aben-Hamet aperçut le nom de Boabdil
enchâssé dans des mosaïques. « O mon
roi, s'écria-t-il, qu'es-tu devenu? Où te
trouverai-je dans ton Alhambra désert ? »
Et les larmes de la fidélité, de la loyauté
et de l'honneur couvraient les yeux du
jeune Maure. « Vos anciens maîtres, dit
Blanca, ou plutôt les rois de vos pères,
étaient des ingrats.

— Qu'importe ? repartit l'Abencerage;
ils ont été malheureux ! »

Comme il prononçait ces mots, Blanca
le conduisit dans un cabinet qui semblait
être le sanctuaire même du temple de l'A-
mour. Rien n'égalait l'élégance de cet asile :
la voûte entière, peinte d'azur et d'or, et
composée d'arabesques découpées à jour,
laissait passer la lumière comme à travers
un tissu de fleurs. Une fontaine jaillissait
au milieu de l'édifice, et ses eaux, retom-
bant en rosée, étaient recueillies dans une

conque d'albâtre. « Aben-Hamet, dit la
fille du duc de Santa-Fé, regardez bien
cette fontaine : elle reçut les têtes défigu-
rées des Abencerages. Vous voyez encore
sur le marbre la tache du sang des infor-
tunés que Boabdil sacrifia à ses soupçons.
C'est ainsi qu'on traite dans votre pays les
hommes qui séduisent les femmes crédules. »

Aben-Hamet n'écoutait plus Blanca; il
s'était prosterné, et baisait avec respect la
trace du sang de ses ancêtres. Il se relève,
et s'écrie : « O Blanca! je jure, par le
sang de ces chevaliers, de t'aimer avec
la constance, la fidélité et l'ardeur d'un
Abencerage.

— Vous m'aimez donc ? reprit Blanca
en joignant ses deux belles mains et levant
ses regards au ciel. Mais songez-vous que
vous êtes un infidèle, un Maure, un ennemi, et que je suis chrétienne et Espagnole ?

— O saint prophète, dit Aben-Hamet, soyez témoin de mes serments!... »

Blanca l'interrompant : « Quelle foi voulez-vous que j'ajoute aux serments d'un persécuteur de mon Dïeu ? Savez-vous si je vous aime ? Qui vous a donné l'assurance de me tenir un pareil langage ? »

Aben-Hamet consterné répondit : « Il est vrai que je ne suis que ton esclave ; tu ne m'as pas choisi pour ton chevalier.

— Maure, dit Blanca, laisse là la ruse ; tu as vu dans mes regards que je t'aimais : ma folie pour toi passe toute mesure ; sois chrétien, et rien ne pourra m'empêcher d'être à toi. Mais si la fille du duc de Santa-Fé ose te parler avec cette franchise, tu peux juger par cela même qu'elle saura se vaincre, et que jamais un ennemi des chrétiens n'aura aucun droit sur elle. »

Aben-Hamet, dans un transport de passion, saisit les mains de Blanca, les posa sur son turban et ensuite sur son cœur. « Allah est puissant, s'écria-t-il, et Aben-

Hamet est heureux! O Mahomet! que cette chrétienne connaisse ta loi, \et rien ne pourra...

— Tu blasphèmes, dit Blanca : sortons d'ici. »

Elle s'appuya sur le bras du Maure, et s'approcha de la fontaine des Douze Lions, qui donne son nom à l'une des cours de l'Alhambra : « Étranger, dit la naïve Espagnole, quand je regarde ta robe, ton turban, tes armes, et que je songe à nos amours, je crois voir l'ombre du bel Abencerage se promenant dans cette retraite abandonnée avec l'infortunée Alfaïma. Explique-moi l'inscription arabe gravée sur le marbre de cette fontaine. »

Aben-Hamet lut ces mots[1] : « *La belle princesse qui se promène couverte de perles dans son jardin, en augmente si prodigieusement la beauté...* » Le reste de l'inscription était effacé.

_____

1. Cette inscription existe avec quelques autres.

« C'est pour toi qu'elle a été faite cette inscription, dit Aben-Hamet. Sultane aimée, ces palais n'ont jamais été aussi beaux dans leur jeunesse qu'ils le sont aujourd'hui dans leurs ruines. Écoute le bruit des fontaines dont la mousse a détourné les eaux ; regarde les jardins qui se montrent à travers ces arcades à demi tombées ; contemple l'astre du jour qui se couche par delà tous ces portiques : qu'il est doux d'errer avec toi dans ces lieux ! Tes paroles embaument ces retraites, comme les roses de l'hymen. Avec quel charme je reconnais dans ton langage quelques accents de la langue de mes pères ! le seul frémissement de ta robe sur ces marbres me fait tressaillir. L'air n'est parfumé que parce qu'il a touché ta chevelure. Tu es belle comme le génie de ma patrie au milieu de ces débris. Mais Aben-Hamet peut-il espérer de fixer ton cœur ? Qu'est-il auprès de toi ? Il a parcouru les montagnes avec son père ; il connaît les plantes du désert.... hélas !

il n'en est pas une seule qui pût le guérir
de la blessure que tu lui as faite! il porte
des armes, mais il n'est point chevalier. Je
me disais autrefois : « L'eau de la mer qui
« dort à l'abri dans le creux du rocher est
« tranquille et muette, tandis que tout au-
« près la grande mer est agitée et bruyante.
« Aben-Hamet, ainsi sera ta vie, silencieuse,
« paisible, ignorée dans un coin de terre
« inconnu, tandis que la cour du sultan
« est bouleversée par les orages. » Je me
disais cela, jeune chrétienne, et tu m'as
prouvé que la tempête peut aussi troubler
la goutte d'eau dans le creux du rocher. »

Blanca écoutait avec ravissement ce langage nouveau pour elle, et dont le tour
oriental semblait si bien convenir à la demeure des fées, qu'elle parcourait avec son
amant. L'amour pénétrait dans son cœur
de toutes parts; elle sentait chanceler ses
genoux ; elle était obligée de s'appuyer plus
fortement sur le bras de son guide. Aben-
Hamet soutenait le doux fardeau, et répé-

tait en marchant : « Ah ! que ne suis-je un brillant Abencerage !

— Tu me plairais moins, dit Blanca, car je serais plus tourmentée : reste obscur, et vis pour moi. Souvent un chevalier célèbre oublie l'amour pour la renommée.

—Tu n'aurais pas ce danger à craindre, répliqua vivement Aben-Hamet.

— Et comment m'aimerais-tu donc, si tu étais un Abencerage ? dit la descendante de Chimène.

— Je t'aimerais, répondit le Maure, plus que la gloire et moins que l'honneur. »

Le soleil était descendu sous l'horizon pendant la promenade des deux amants. Ils avaient parcouru tout l'Alhambra. Quels souvenirs offerts à la pensée d'Aben-Hamet ! Ici la sultane recevait par des soupiraux la fumée des parfums qu'on brûlait au-dessous d'elle. Là, dans cet asile écarté, elle se parait de tous les atours de l'Orient. Et c'était Blanca, c'était une femme adorée

qui racontait ces détails au beau jeune
homme qu'elle idolâtrait.

La lune, en se levant, répandit sa clarté
douteuse dans les sanctuaires abandonnés
et dans les parvis déserts de l'Alhambra.
Ses blancs rayons dessinaient sur le gazon
des parterres, sur les murs des salles, la
dentelle d'une architecture aérienne, les
cintres des cloîtres, l'ombre mobile des
eaux jaillissantes, et celle des arbustes ba-
lancés par le zéphir. Le rossignol chantait
dans un cyprès qui perçait les dômes d'une
mosquée en ruine, et les échos répétaient
ses plaintes. Aben-Hamet écrivit, au clair
de la lune, le nom de Blanca sur le marbre de la salle des Deux-Sœurs : il traça
ce nom en caractères arabes, afin que le
voyageur eût un mystère de plus à deviner
dans ce palais des mystères.

« Maure, ces jeux sont cruels, dit Blanca ;
quittons ces lieux. Le destin de ma vie est
fixé pour jamais. Retiens bien ces mots :
Musulman, je suis ton amante sans es-

poir : chrétien, je suis ton épouse for-
tunée. »

Aben-Hamet répondit : « Chrétienne,
je suis ton esclave désolé; musulmane, je
suis ton époux glorieux. »

Et ces nobles amants sortirent de ce
dangereux palais.

La passion de Blanca s'augmenta de
jour en jour, et celle d'Aben-Hamet s'ac-
crut avec la même violence. Il était si enchanté d'être aimé pour lui seul, de ne
devoir à aucune cause étrangère les sentiments qu'il inspirait, qu'il ne révéla point
le secret de sa naissance à la fille du duc
de Santa-Fé : il se faisait un plaisir délicat
de lui apprendre qu'il portait un nom illustre, le jour même où elle consentirait à
lui donner sa main. Mais il fut tout à coup
rappelé à Tunis : sa mère, atteinte d'un
mal sans remède, voulait embrasser son
fils et le bénir avant d'abandonner la vie.
Aben-Hamet se présente au palais de
Blanca. « Sultane, lui dit-il, ma mère va

mourir. Elle me demande pour lui fermer les yeux. Me conserveras-tu ton amour ?

— Tu me quittes ! répondit Blanca pâlissante. Te reverrai-je jamais ?

— Viens, dit Aben-Hamet. Je veux exiger de toi un serment, et t'en faire un que la mort seule pourra briser. Suis-moi. »

Ils sortent ; ils arrivent à un cimetière qui fut jadis celui des Maures. On voyait encore çà et là de petites colonnes funèbres, autour desquelles le sculpteur figura jadis un turban ; mais les chrétiens avaient depuis remplacé ce turban par une croix. Aben-Hamet conduisit Blanca au pied de ces colonnes.

« Blanca, dit-il, mes ancêtres reposent ici ; je jure par leurs cendres de t'aimer jusqu'au jour où l'ange du jugement m'appellera au tribunal d'Allah. Je te promets de ne jamais engager mon cœur à une autre femme, et de te prendre pour épouse aussitôt que tu connaîtras la sainte lumière du

prophète. Chaque année, à cette époque,
je reviendrai à Grenade pour voir si tu
m'as gardé ta foi, et si tu veux renoncer à
tes erreurs.

— Et moi, dit Blanca en larmes, je
t'attendrai tous les ans ; je te conserverai
jusqu'à mon dernier soupir la foi que je t'ai
jurée, et je te recevrai pour époux lorsque
le Dieu des chrétiens, plus puissant que ton
amante, aura touché ton cœur infidèle. »

Aben-Hamet part : les vents l'emportent
aux bords africains : sa mère venait d'ex-
pirer. Il la pleure, il embrasse son cercueil.
Les mois s'écoulent : tantôt errant parmi
les ruines de Carthage, tantôt assis sur le
tombeau de saint Louis, l'Abencerage exilé
appelle le jour qui doit le ramener à Grenade. Ce jour se lève enfin : Aben-Hamet
monte sur un vaisseau, et fait tourner la
proue vers Malaga. Avec quel transport,
avec quelle joie mêlée de crainte il aperçut
les premiers promontoires de l'Espagne !
Blanca l'attend-elle sur ces bords ? Se sou-

vient-elle encore d'un pauvre Arabe qui
ne cessa de l'adorer sous le palmier du
désert ?

La fille du duc de Santa-Fé n'était point
infidèle à ses serments. Elle avait prié son
père de la conduire à Malaga. Du haut
des montagnes qui bordaient la côte inha-
bitée, elle suivait des yeux les vaisseaux
lointains et les voiles fugitives. Pendant la
tempête elle contemplait avec effroi la
mer soulevée par les vents : elle aimait
alors à se perdre dans les nuages, à s'expo-
ser dans les passages dangereux, à se sentir baignée par les mêmes vagues, enlevée
par le même tourbillon, qui menaçaient
les jours d'Aben-Hamet. Quand elle voyait
la mouette plaintive raser les flots avec
ses grandes ailes recourbées et voler vers les
rivages de l'Afrique, elle la chargeait de
toutes ces paroles d'amour, de tous ces
vœux insensés qui sortent d'un cœur que
la passion dévore.

Un jour qu'elle errait sur les grèves,

elle aperçut une longue barque, dont la
proue élevée, le mât penché et la voile la-
tine annonçaient l'élégant génie des Maures.
Blanca court au port, et voit bientôt entrer le vaisseau barbaresque, qui faisait
écumer l'onde sous la rapidité de sa course.
Un Maure couvert de superbes habits, se
tenait debout sur la proue. Derrière lui,
deux esclaves noirs arrêtaient par le frein
un cheval arabe, dont les naseaux fu-
mants et les crins épars annonçaient à la
fois son naturel ardent et la frayeur que
lui inspirait le bruit des vagues. La barque
arrive, abaisse ses voiles, touche au môle,
présente le flanc : le Maure s'élance sur la
rive, qui retentit du son de ses armes. Les
esclaves font sortir le coursier tigré
comme un léopard, qui hennit et bondit
de joie en retrouvant la terre. D'autres
esclaves descendent doucement une cor-
beille où reposait une gazelle couchée
parmi des feuilles de palmier. Ses jambes
fines étaient attachées et ployées sous elle,

de peur qu'elles ne fussent brisées dans
les mouvements du vaisseau : elle portait
un collier de grains d'aloès, et sur une
plaque d'or, qui servait à rejoindre les
deux bouts du collier étaient gravés en
arabe un nom et un talisman.

Blanca reconnaît Aben-Hamet : elle n'ose
se trahir aux yeux de la foule ; elle se retire, et envoie Dorothée, une de ses femmes, avertir l'Abencerage qu'elle l'attend
au palais des Maures. Aben-Hamet présentait dans ce moment au gouverneur son
firman écrit en lettres d'azur sur un vélin
précieux, et renfermé dans un fourreau
de soie. Dorothée s'approche, et conduit
l'heureux Abencerage aux pieds de Blanca.
Quels transports en se retrouvant tous deux
fidèles ! Quel bonheur de se revoir, après
avoir été si longtemps séparés ! Quels nouveaux serments de s'aimer toujours !

Les deux esclaves noirs amènent le cheval numide, qui, au lieu de selle, n'avait
sur le dos qu'une peau de lion, rattachée

par une zone de pourpre. On apporte
ensuite la gazelle. « Sultane, dit Aben-
Hamet, c'est un chevreuil de mon pays,
presque aussi léger que toi. » Blanca dé-
tache elle-même l'animal charmant, qui
semblait la remercier en jetant sur elle les
regards les plus doux. Pendant l'absence de
l'Abencerage, la fille du duc de Santa-Fé
avait étudié l'arabe : elle lut avec des yeux
attendris son propre nom sur le collier
de la gazelle. Celle-ci, rendue à la liberté,
se soutenait à peine sur ses pieds si longtemps enchaînés ; elle se couchait à terre,
et appuyait sa tête sur les genoux de sa
maîtresse. Blanca lui présentait des dattes
nouvelles et caressait cette chevrette du
désert, dont la peau fine avait retenu
l'odeur du bois d'aloès et de la rose de
Tunis.

L'Abencerage, le duc de Santa-Fé et sa
fille partirent ensemble pour Grenade.
Les jours du couple heureux s'écoulèrent
comme ceux de l'année précédente : mê-

mes promenades, même regret à la vue de
la patrie, même amour, ou plutôt amour
toujours croissant, toujours partagé ; mais
aussi même attachement dans les deux
amants à la religion de leurs pères. « Sois
chrétien, » disait Blanca ; « Sois musulmane, » disait Aben-Hamet ; et ils se sé-
parèrent encore une fois, sans avoir suc-
combé à la passion qui les entraînait l'un
vers l'autre.

Aben-Hamet reparut la troisième année,
comme ces oiseaux voyageurs que l'amour
ramène au printemps dans nos climats. Il
ne trouva point Blanca au rivage ; mais
une lettre de cette femme adorée apprit
au fidèle Arabe le départ du duc de Santa-
Fé pour Madrid, et l'arrivée de don Carlos
à Grenade. Don Carlos était accompagné
d'un prisonnier français ami du frère de
Blanca. Le Maure sentit son cœur se serrer
à la lecture de cette lettre. Il partit de
Malaga pour Grenade avec les plus tristes
pressentiments. Les montagnes lui paru-

rent d'une solitude effrayante, et il tourna
plusieurs fois la tête pour regarder la mer
qu'il venait de traverser.

Blanca, pendant l'absence de son père,
n'avait pu quitter un frère qu'elle aimait,
un frère qui voulait en sa faveur se dépouiller de tous ses biens, et qu'elle revoyait après sept années d'absence. Don
Carlos avait tout le courage et toute la
fierté de sa nation : terrible comme les
conquérants du nouveau monde, parmi
lesquels il avait fait ses premières armes,
religieux comme les chevaliers espagnols
vainqueurs des Maures, il nourrissait dans
son cœur contre les infidèles la haine qu'il
avait héritée du Cid.

Thomas de Lautrec, de l'illustre maison
de Foix, où la beauté dans les femmes et
la valeur dans les hommes passaient pour
un don héréditaire, était frère cadet de la
comtesse de Foix et du brave et malheureux Odet de Foix, seigneur de Lautrec.
A l'âge de dix-huit ans, Thomas avait été

armé chevalier par Bayard, dans cette retraite qui coûta la vie au chevalier sans
peur et sans reproche. Quelque temps
après, Thomas fut percé de coups et fait
prisonnier à Pavie, en défendant le roi
chevalier qui perdit tout alors, *fors l'honneur*.

Don Carlos de Bivar, témoin de la vaillance de Lautrec, avait fait prendre soin
des blessures du jeune Français, et bientôt
il s'établit entre eux une de ces amitiés héroïques, dont l'estime et la vertu sont les
fondements. François Ier était retourné en
France, mais Charles-Quint retint les autres prisonniers. Lautrec avait eu l'honneur de partager la captivité de son roi et
de coucher à ses pieds dans la prison. Resté
en Espagne après le départ du monarque,
il avait été remis sur sa parole à don Carlos,
qui venait de l'amener à Grenade.

Lorsque Aben-Hamet se présenta au
palais de don Rodrigue et fut introduit
dans la salle où se trouvait la fille du duc

de Santa-Fé, il sentit des tourments jusqu'alors inconnus pour lui. Aux pieds de dona Blanca était assis un jeune homme qui la regardait en silence, dans une espèce de ravissement. Ce jeune homme portait un haut de chausses de buffle, et un pourpoint de même couleur, serré par un ceinturon d'où pendait une épée aux fleurs de lis. Un manteau de soie était jeté sur ses épaules, et sa tête était couverte d'un chapeau à petits bords, ombragé de plumes : une fraise de dentelle, rabattue sur sa poitrine, laissait voir son cou découvert. Deux moustaches noires comme l'ébène donnaient à son visage naturellement doux un air mâle et guerrier. De larges bottes, qui tombaient et se repliaient sur ses pieds, portaient l'éperon d'or, marque de la chevalerie.

A quelque distance, un autre chevalier se tenait debout, appuyé sur la croix de fer de sa longue épée : il était vêtu comme l'autre chevalier, mais il paraissait plus âgé. Son air austère, bien qu'ardent et passionné, inspirait le respect et la crainte. La croix rouge de Calatrava était brodée sur son pourpoint, avec cette devise : *Pour elle et pour mon roi.*

Un cri involontaire s'échappa de la bouche de Blanca lorsqu'elle aperçut Aben-Hamet.

« Chevaliers, dit-elle aussitôt, voici l'infidèle dont je vous ai tant parlé; craignez qu'il ne remporte la victoire. Les Abencerages étaient faits comme lui, et nul ne les surpassait en loyauté, courage et galanterie. »

Don Carlos s'avança au-devant d'Aben-Hamet.

« Seigneur maure, dit-il, mon père et ma sœur m'ont appris votre nom; on vous croît d'une race noble et brave; vous-même, vous êtes distingué par votre courtoisie. Bientôt Charles-Quint, mon maître, doit porter la guerre à Tunis, et nous nous verrons, j'espère, au champ d'honneur. »

Ahen-Hamet posa la main sur son sein, s'assit à terre sans répondre, et resta les yeux attachés sur Blanca et sur Lautrec. Celui-ci admirait, avec la curiosité de son pays, la robe superbe, les armes brillantes, la beauté du Maure. Blanca ne paraissait point embarrassée ; toute son âme était dans ses yeux : la sincère Espagnole n'essayait point de cacher le secret de son cœur. Après quelques moments de silence, Aben-Hamet se leva, s'inclina devant la fille de don Rodrigue, et se retira. Étonné du maintien du Maure et des regards de Blanca, Lautrec sortit avec un soupçon qui se changea bientôt en certitude.

Don Carlos resta seul avec sa sœur.

« Blanca, lui dit-il, expliquez-vous. D'où naît le trouble que vous a causé la vue de cet étranger ?

— Mon frère, répondit Blanca, j'aime Aben-Hamet ; et, s'il veut se faire chrétien, ma main est à lui.

— Quoi ! s'écria don Carlos, vous ai-

mez Aben-Hamet! la fille des Bivars aime
un Maure, un infidèle, un ennemi que
nous avons chassé de ces palais!

— Don Carlos, répliqua Blanca, j'aime
Aben-Hamet; Aben-Hamet m'aime; depuis trois ans il renonce à moi plutôt que
de renoncer à la religion de ses pères.
Noblesse, honneur, chevalerie, sont en
lui; jusqu'à mon dernier soupir je l'ado-
rerai. »

Don Carlos était digne de sentir ce que
la résolution d'Aben-Hamet avait de généreux, quoiqu'il déplorât l'aveuglement
de cet infidèle.

« Infortunée Blanca, dit-il, où te con-
duira cet amour? J'avais espéré que Lautrec, mon ami, deviendrait mon frère.

— Tu t'étais trompé, répondit Blanca;
je ne puis aimer cet étranger. Quant à mes
sentiments pour Aben-Hamet, je n'en dois
compte à personne. Garde tes serments de
chevalerie comme je garderai mes serments
d'amour. Sache seulement, pour te con-

soler, que jamais Blanca ne sera l'épouse d'un infidèle.

— Notre famille disparaîtra donc de la terre! s'écria don Carlos.

— C'est à toi de la faire revivre, dit Blanca. Qu'importe d'ailleurs des fils que tu ne verras point, et qui dégénéreront de ta vertu? Don Carlos, je sens que nous sommes les derniers de notre race; nous sortons trop de l'ordre commun pour que notre sang fleurisse après nous : le Cid fut notre aïeul, il sera notre postérité. »

Blanca sortit. Don Carlos vole chez l'Abencerage.

« Maure, lui dit-il, renonce à ma sœur, ou accepte le combat.

— Es-tu chargé par ta sœur, répondit Aben-Hamet, de me redemander les serments qu'elle m'a faits?

— Non, répliqua don Carlos; elle t'aime plus que jamais.

— Ah! digne frère de Blanca! s'écria Aben-Hamet en l'interrompant, je dois te-

nir tout mon bonheur de ton sang. O for-
tuné Aben-Hamet! ô heureux jour! je
croyais Blanca infidèle pour ce chevalier
français....

— Et c'est là ton malheur, s'écria à son
tour don Carlos hors de lui. Lautrec est
mon ami; sans toi, il serait mon frère.
Rends-moi raison des larmes que tu fais
verser à ma famille.

— Je le veux bien, répondit Aben-Hamet; mais, né d'une race qui peut-être a
combattu la tienne, je ne suis pourtant
point chevalier. Je ne vois ici personne
pour me conférer l'ordre qui te permettra
de te mesurer avec moi sans descendre de
ton rang. »

Don Carlos, frappé de la réflexion du
Maure, le regarda avec un mélange d'ad-
miration et de fureur. Puis tout à coup :

« C'est moi qui t'armerai chevalier! tu
en es digne. »

Aben-Hamet fléchit le genou devant don
Carlos, qui lui donne l'accolade, en lui

frappant trois fois l'épaule du plat de son épée; ensuite don Carlos lui ceint cette même épée que l'Abencerage va peut-être lui plonger dans la poitrine : tel était l'antique honneur.

Tous deux s'élancent sur leurs coursiers, sortent des murs de Grenade, et volent à la fontaine du Pin. Les duels des Maures et des chrétiens avaient depuis longtemps rendu cette source célèbre. C'était là que Malique Alabès s'était battu contre Ponce de Léon, et que le grand maître de Calatrava avait donné la mort au valeureux Abayados. On voyait encore les débris des armes de ce chevalier maure suspendus aux branches du pin, et l'on apercevait sur l'écorce de l'arbre quelques lettres d'une inscription funèbre. Don Carlos montra de la main la tombe d'Abayados à l'Abencerage :

« Imite, lui cria-t-il, ce brave infidèle, et reçois le baptême et la mort de ma main.

— La mort peut-être, répondit Aben-

Hamet, mais vivent Allah et le prophète! »

Ils prirent aussitôt du champ, et cou-
rurent l'un sur l'autre avec furie. Ils n'a-
vaient que leurs épées. Aben–Hamet était
moins habile dans les combats que don
Carlos ; mais la bonté de ses armes, trem-
pées à Damas, et la légèreté de son cheval
arabe, lui donnaient encore l'avantage sur
son ennemi. Il lança son coursier comme
les Maures, et avec son large étrier tran-
chant il coupa la jambe droite du cheval
de don Carlos au-dessous du genou. Le
cheval blessé s'abattit, et don Carlos, dé-
monté par ce coup heureux, marcha sur
Aben-Hamet l'épée haute. Aben-Hamet
saute à terre, et reçoit don Carlos avec in-
trépidité. Il pare les premiers coups de
l'Espagnol, qui brise son épée sur le fer de
Damas. Trompé deux fois par la fortune,
don Carlos verse des pleurs de rage, et crie
à son ennemi :

« Frappe, Maure, frappe; don Carlos

désarmé te défie, toi et toute ta race infidèle.

— Tu pouvais me tuer, répond l'Abencerage, mais je n'ai jamais songé à te faire
la moindre blessure : j'ai voulu seulement
te prouver que j'étais digne d'être ton
frère, et t'empêcher de me mépriser. »

Dans cet instant on aperçoit un nuage
de poussière : Lautrec et Blanca pressaient deux cavales de Fez, plus légères
que les vents. Ils arrivent à la fontaine du
Pin, et voient le combat suspendu.

« Je suis vaincu, dit don Carlos; ce
chevalier m'a donné la vie. Lautrec, vous
serez peut-être plus heureux que moi.

— Mes blessures, dit Lautrec d'une
voix noble et gracieuse, me permettent de
refuser le combat contre ce chevalier cour-
tois. Je ne veux point, ajouta-t-il en rou-
gissant, connaître le sujet de votre querelle,
et pénétrer un secret qui porterait peut-
être la mort dans mon sein. Bientôt mon
absence fera renaître la paix parmi vous,

à moins que Blanca ne m'ordonne de rester
à ses pieds.

— Chevalier, dit Blanca, vous demeu-
rerez auprès de mon frère; vous me re-
garderez comme votre sœur. Tous les
cœurs qui sont ici éprouvent des chagrins;
vous apprendrez de nous à supporter les
maux de la vie. »

Blanca voulut contraindre les trois chevaliers à se donner la main : tous les trois
s'y refusèrent.

« Je hais Aben-Hamet! s'écria don
Carlos.

— Je l'envie, dit Lautrec.

— Et moi, dit l'Abencerage, j'estime
don Carlos, et je plains Lautrec; mais je
ne saurais les aimer.

— Voyons-nous toujours, dit Blanca, et
tôt ou tard l'amitié suivra l'estime. Que
l'événement fatal qui nous rassemble ici
soit à jamais ignoré de Grenade. »

Aben-Hamet devint, dès ce moment,
mille fois plus cher à la fille du duc de

Santa-Fé : l'amour aime la vaillance ; il ne manquait plus rien à l'Abencerage, puisqu'il était brave, et que don Carlos lui devait la vie. Aben-Hamet, par le conseil de Blanca, s'abstint, pendant quelques jours, de se présenter au palais, afin de laisser se calmer la colère de don Carlos. Un mélange de sentiments doux et amers remplissait l'âme de l'Abencerage : si d'un côté l'assurance d'être aimé avec tant de fidélité et d'ardeur était pour lui une source inépuisable de délices, d'un autre côté la certitude de n'être jamais heureux sans renoncer à la religion de ses pères accablait le courage d'Aben-Hamet. Déjà plusieurs années s'étaient écoulées sans apporter de remède à ses maux : verrait-il ainsi s'écouler le reste de sa vie ?

Il était plongé dans un abîme de réflexions les plus sérieuses et les plus tendres, lorsqu'un soir il entendit sonner cette prière chrétienne qui annonce la fin du jour. Il lui vint en pensée d'entrer dans le temple du Dieu de Blanca, et de demander des conseils au maître de la nature.

Il sort, il arrive à la porte d'une ancienne mosquée convertie en église par les fidèles. Le cœur saisi de tristesse et de religion, il pénètre dans le temple qui fut autrefois celui de son Dieu et de sa patrie. La prière venait de finir : il n'y avait plus personne dans l'église. Une sainte obscurité régnait à travers une multitude de colonnes qui ressemblaient aux troncs des arbres d'une forêt régulièrement plantée. L'architecture légère des Arabes s'était mariée à l'architecture gothique, et, sans rien perdre de son élégance, elle avait pris une gravité plus convenable aux méditations. Quelques lampes éclairaient à peine les enfoncements des voûtes ; mais, à la clarté de plusieurs cierges allumés, on voyait encore briller l'autel du sanctuaire : il étincelait d'or et de pierreries. Les Espagnols mettent toute leur gloire à se dépouiller de

leurs richesses pour en parer les objets de
leur culte ; et l'image du Dieu vivant, placée au milieu des voiles de dentelles, des
couronnes de perles et des gerbes de
rubis, est adorée par un peuple à demi
nu.

On ne remarquait aucun siége au milieu
de la vaste enceinte : un pavé de marbre
qui recouvrait des cercueils servait aux
grands comme aux petits pour se proster-
ner devant le Seigneur. Aben-Hamet s'a-
vançait lentement dans les nefs désertes,
qui retentissaient du seul bruit de ses pas.
Son esprit était partagé entre les souvenirs
que cet ancien édifice de la religion des
Maures retraçait à sa mémoire, et les sentiments que la religion des chrétiens faisait
naître dans son cœur. Il entrevit au pied
d'une colonne une figure immobile, qu'il
prit d'abord pour une statue sur un tombeau. Il s'en approche; il distingue un
jeune chevalier à genoux, le front respec-
tueusement incliné, et les deux bras croisés

sur sa poitrine. Ce chevalier ne fit aucun
mouvement au bruit des pas d'Aben-
Hamet; aucune distraction, aucun signe
extérieur de vie ne troubla sa profonde
prière. Son épée était couchée à terre devant lui, et son chapeau, chargé de plumes, était posé sur le marbre à ses côtés :
il avait l'air d'être fixé dans cette attitude
par l'effet d'un enchantement. C'était
Lautrec : « Ah! dit l'Abencerage en lui-
même, ce jeune et beau Français demande
au ciel quelque faveur signalée; ce guerrier, déjà célèbre par son courage, répand
ici son cœur devant le souverain du ciel,
comme le plus humble et le plus obscur
des hommes. Prions donc aussi le Dieu des
chevaliers et de la gloire. »

Aben-Hamet allait se précipiter sur le
marbre, lorsqu'il aperçut, à la lueur d'une
lampe, des caractères arabes et un verset
du Coran, qui paraissaient sous un plâtre
à demi tombé. Les remords rentrent dans
son cœur, et il se hâte de quitter l'édifice

où il a pensé devenir infidèle à sa religion
et à sa patrie.

Le cimetière qui environnait cette ancienne mosquée était une espèce de jardin
planté d'orangers, de cyprès, de palmiers,
et arrosé par deux fontaines; un cloître
régnait alentour. Aben-Hamet, en passant
sous un des portiques, aperçut une femme
prête à entrer dans l'église. Quoiqu'elle
fût enveloppée d'un voile, l'Abencerage
reconnut la fille du duc de Santa-Fé; il
l'arrête et lui dit :

« Viens-tu chercher Lautrec dans ce
temple ?

— Laisse là ces vulgaires jalousies, répondit Blanca ; si je ne t'aimais plus, je te
le dirais ; je dédaignerais de te tromper. Je
viens ici prier pour toi ; toi seul est maintenant l'objet de mes vœux : j'oublie mon
âme pour la tienne. Il ne fallait pas m'eni-
vrer du poison de ton amour, ou il fallait
consentir à servir le Dieu que je sers. Tu
troubles toute ma famille ; mon frère te

hait; mon père est accablé de chagrin, parce que je refuse de choisir un époux. Ne t'aperçois-tu pas que ma santé s'altère ? Vois cet asile de la mort; il est enchanté ! Je m'y reposerai bientôt, si tu ne le hâtes de recevoir ma foi au pied de l'autel des chrétiens. Les combats que j'éprouve minent peu à peu ma vie; la passion que tu m'inspires ne soutiendra pas toujours ma frêle existence : songe, ô Maure, pour te parler ton langage, que le feu qui allume le flambeau est aussi le feu qui le consume. »

Blanca entre dans l'église, et laisse Aben-Hamet accablé de ces dernières paroles.

C'en est fait, l'Abencerage est vaincu; il va renoncer aux erreurs de son culte; assez longtemps il a combattu. La crainte de voir Blanca mourir l'emporte sur tout autre sentiment dans le cœur d'Aben-Hamet.

« Après tout, se disait-il, le Dieu des chrétiens est peut-être le Dieu véritable. Ce

Dieu est toujours le Dieu des nobles âmes,
puisqu'il est celui de Blanca, de don Carlos
et de Lautrec. »

Dans cette pensée, Aben-Hamet attendit
avec impatience le lendemain pour faire
connaître sa résolution à Blanca et changer
une vie de tristesse et de larmes en une vie
de joie et de bonheur. Il ne put se rendre
au palais du duc de Santa-Fé que le soir.
Il apprit que Blanca était allée avec son
frère au Généralife, où Lautrec donnait
une fête. Aben-Hamet, agité de nouveaux
soupçons, vole sur les traces de Blanca.
Lautrec rougit en voyant paraître l'Abencerage : quant à don Carlos, il reçut le
Maure avec une froide politesse, mais à
travers laquelle perçait l'estime.

Lautrec avait fait servir les plus beaux
fruits de l'Espagne et de l'Afrique dans
une des salles du Généralife, appelée la
salle des Chevaliers. Tout autour de cette
salle étaient suspendus les portraits des
princes et des chevaliers vainqueurs des

Maures, Pélasge, le Cid, Gonzalve de Cordoue. L'épée du dernier roi de Grenade était attachée au-dessous de ces portraits. Aben-Hamet renferma sa douleur en lui-même, et dit seulement comme le lion, en regardant ces tableaux : « Nous ne savons pas peindre. »

Le généreux Lautrec, qui voyait les yeux de l'Abencerage se tourner malgré lui vers l'épée de Boabdil, lui dit : « Chevalier maure, si j'avais prévu que vous m'eussiez fait l'honneur de venir à cette fête, je ne vous aurais pas reçu ici. On perd tous les jours une épée, et j'ai vu le plus vaillant des rois remettre la sienne à son heureux ennemi.

— Ah ! s'écria le Maure en se couvrant le visage d'un pan de sa robe, on peut la perdre comme François Ier, mais comme Boabdil !... »

La nuit vint ; on apporta des flambeaux ; la conversation changea de cours. On pria don Carlos de raconter la découverte du

Mexique. Il parla de ce monde inconnu avec l'éloquence pompeuse naturelle à la nation espagnole. Il dit les malheurs de Montézume, les mœurs des Américains, les prodiges de la valeur castillane, et même les cruautés de ses compatriotes, qui ne lui semblaient mériter ni blâme ni louange. Ces récits enchantaient Aben-Hamet, dont la passion pour les histoires merveilleuses trahissait le sang arabe. Il fit à son tour le tableau de l'empire ottoman nouvellement assis sur les ruines de Constantinople, non sans donner des regrets au premier empire de Mahomet, temps heureux, où le commandeur des croyants voyait briller autour de lui Zobéïde, Fleur de beauté, Force des cœurs, Tourmente, et ce généreux Ganem, esclave par amour. Quant à Lautrec, il peignit la cour galante de François Ier, les arts renaissant du sein de la barbarie, l'honneur, la loyauté, la chevalerie des anciens temps, unis à la politesse des siècles civilisés ; les tourelles

gothiques ornées des ordres de la Grèce, et
les dames gauloises rehaussant la richesse
de leurs atours par l'élégance athénienne.

Après ce discours, Lautrec, qui voulait
amuser la divinité de cette fête, prit une
guitare, et chanta cette romance qu'il avait
composée sur un air des montagnes de son
pays :

Combien j'ai douce souvenance
Du joli lieu de ma naissance !
Ma sœur, qu'ils étaient beaux, les jours
    De France !
O mon pays, sois mes amours
    Toujours !

Te souvient-il que notre mère,
Au foyer de notre chaumière,
Nous pressait sur son cœur joyeux,
    Ma chère ?
Et nous baisions ses blancs cheveux
    Tous deux.

Ma sœur, te souvient-il encore
Du château que baignait la Dore ?
Et de cette tant vieille tour
    Du Maure,
Où l'airain sonnait le retour
    Du jour ?

Te souvient-il du lac tranquille
Qu'effleurait l'hirondelle agile ?
Du vent qui courbait le roseau
  Mobile,
Et du soleil couchant sur l'eau,
  Si beau ?

Oh ! qui me rendra mon Hélène,
Et ma montagne, et le grand chêne ?
Leur souvenir fait tous les jours
  Ma peine :
Mon pays sera mes amours
  Toujours !

Lautrec, en achevant le dernier couplet, essuya avec son gant une larme que lui arrachait le souvenir du gentil pays de France. Les regrets du beau prisonnier furent vivement sentis par Aben-Hamet, qui déplorait comme Lautrec la perte de sa patrie. Sollicité de prendre à son tour la guitare, il s'en excusa en disant qu'il ne savait qu'une romance, et qu'elle serait peu agréable à des chrétiens.

« Si ce sont des infidèles qui gémissent de nos victoires, repartit dédaigneusement don Carlos, vous pouvez chanter ; les larmes sont permises aux vaincus.

— Oui, dit Blanca ; et c'est pour cela que nos pères, soumis autrefois au joug des Maures, nous ont laissé tant de complaintes. »

Aben-Hamet chanta donc cette ballade, qu'il avait apprise d'un poëte de la tribu des Abencerages :

Le roi don Juan,
Un jour chevauchant,
Vit sur la montagne
Grenade d'Espagne ;
Il lui dit soudain :
« Cité mignonne,
Mon cœur te donne
Avec ma main.

Je t'épouserai,
Puis apporterai
En dons à ta ville
Cordoue et Séville.
Superbes atours
Et perle fine
Je te destine
Pour nos amours. »

Grenade répond :
« Grand roi de Léon,
Au Maure liée,
Je suis mariée.
Garde tes présents :
   J'ai pour parure
   Riche ceinture
   Et beaux enfants. »

Ainsi tu disais,
Ainsi tu mentais :
O mortelle injure !
Grenade est parjure !
Un chrétien maudit
   D'Abencerage
   Tient l'héritage :
   C'était écrit !

Jamais le chameau
N'apporte au tombeau,
Près de la piscine,
L'hadgi de Médine.
Un chrétien maudit
   D'Abencerage
   Tient l'héritage :
   C'était écrit !

O bel Alhambra !
O palais d'Allah !

Cité des fontaines !
Fleuve aux vertes plaines !
Un chrétien maudit
D'Abencerage
Tient l'héritage :
C'était écrit !

La naïveté de ces plaintes avait touché
jusqu'au superbe don Carlos, malgré les
imprécations prononcées contre les chrétiens. Il aurait bien désiré qu'on le dispen-
sât de chanter lui-même ; mais par courtoisie pour Lautrec, il crut devoir céder à
ses prières. Aben-Hamet donna la guitare
au frère de Blanca, qui célébra les exploits
du Cid, son illustre aïeul.

Prêt à partir pour la rive africaine[1],
Le Cid armé, tout brillant de valeur,
Sur sa guitare, aux pieds de sa Chimène,
Chantait ces vers que lui dictait l'honneur :

Chimène a dit : « Va combattre le Maure ;
De ce combat surtout reviens vainqueur.
Oui, je croirai que Rodrigue m'adore,
S'il fait céder son amour à l'honneur.

1. Romance composée sur l'air des *Folies d'Espagne.*

— Donnez, donnez et mon casque et ma lance.
Je veux montrer que Rodrigue a du cœur :
Dans les combats signalant sa vaillance,
Son cri sera pour sa dame et l'honneur.

Maure vanté par ta galanterie,
De tes accents mon noble chant vainqueur
D'Espagne un jour deviendra la folie,
Car il peindra l'amour avec l'honneur.

Dans le vallon de notre Andalousie
Les vieux chrétiens conteront ma valeur :
« Il préféra, diront-ils, à la vie,
« Son Dieu, son roi, sa Chimène et l'honneur. »

Don Carlos avait paru si fier en chantant ces paroles d'une voix mâle et sonore, qu'on l'aurait pris pour le Cid lui-même. Lautrec partageait l'enthousiasme guerrier de son ami ; mais l'Abencerage avait pâli au nom du Cid.

« Ce chevalier, dit-il, que les chrétiens appellent la Fleur des batailles, porte parmi nous le nom de Cruel. Si sa générosité avait égalé sa valeur !...

— Sa générosité, repartit vivement don

Carlos interrompant Aben-Hamet, surpassait encore son courage, et il n'y a que des Maures qui puissent calomnier le héros à qui ma famille doit le jour.

— Que dis-tu ? s'écria Aben-Hamet s'élançant du siége où il était à demi couché : tu comptes le Cid parmi tes aïeux ?

— Son sang coule dans mes veines, répliqua don Carlos; et je me reconnais de ce noble sang à la haine qui brûle dans mon cœur contre les ennemis de mon Dieu.

— Ainsi, dit Aben-Hamet regardant Blanca, vous êtes de la maison de ces Bivars qui, après la conquête de Grenade, envahirent les foyers des malheureux Abencerages, et donnèrent la mort à un vieux chevalier de ce nom qui voulut défendre le tombeau de ses aïeux !

— Maure, s'écria don Carlos enflammé de colère, sache que je ne me laisse point interroger. Si je possède aujourd'hui la dépouille des Abencerages, mes ancêtres l'ont acquise au prix de leur sang, et ils ne la doivent qu'à leur épée.

—Encore un mot, dit Aben-Hamet toujours plus ému : nous avons ignoré dans notre exil que les Bivars eussent porté le titre de Santa-Fé ; c'est ce qui a causé mon erreur.

— Ce fut, répondit don Carlos, à ce même Bivar, vainqueur des Abencerages, que ce titre fut conféré par Ferdinand le Catholique. »

La tête d'Aben-Hamet se pencha sur son sein : il resta debout au milieu de don Carlos, de Lautrec et de Blanca étonnés. Deux torrents de larmes coulèrent de ses yeux sur le poignard attaché à sa ceinture. « Pardonnez, dit-il ; les hommes, je le sais, ne doivent pas répandre des larmes : désormais les miennes ne couleront plus au dehors, quoiqu'il me reste beaucoup à pleurer ; écoutez-moi :

« Blanca, mon amour pour toi égale l'ardeur des vents brûlants de l'Arabie.

6

J'étais vaincu ; je ne pouvais plus vivre sans toi. Hier, la vue de ce chevalier français en prières , tes paroles dans le cimetière du temple, m'avaient fait prendre la résolution de connaître ton Dieu , et de t'offrir ma foi. »

Un mouvement de joie de Blanca, et de surprise de don Carlos, interrompit Aben-Hamet ; Lautrec cacha son visage dans ses deux mains. Le Maure devina sa pensée ; et secouant la tête avec un sourire déchirant : « Chevalier, dit-il , ne perds pas toute espérance ; et toi, Blanca , pleure à jamais sur le dernier Abencerage ! »

Blanca, don Carlos, Lautrec, lèvent tous trois les mains au ciel , et s'écrient : « Le dernier Abencerage ! »

Le silence règne, la crainte, l'espoir, la haine, l'amour, l'étonnement, la jalousie, agitent tous les cœurs ; Blanca tombe bientôt à genoux. « Dieu de bonté ! dit-elle, tu justifies mon choix ; je ne pouvais aimer que le descendant des héros.

—Ma sœur, s'écria don Carlos irrité, son-
gez donc que vous êtes ici devant Lautrec !

— Don Carlos, dit Aben-Hamet, sus-
pends ta colère ; c'est à moi à vous rendre
le repos. »

Alors s'adressant à Blanca, qui s'était
assise de nouveau :

« Houri du ciel, génie de l'amour et de
la beauté, Aben-Hamet sera ton esclave
jusqu'à son dernier soupir ; mais connais
toute l'étendue de son malheur. Le vieil-
lard immolé par ton aïeul en défendant
ses foyers était le père de mon père ; ap-
prends encore un secret que je t'ai caché
ou plutôt que tu m'avais fait oublier.
Lorsque je vins la première fois visiter
cette triste patrie, j'avais surtout pour
dessein de chercher quelque fils des Bivars
qui pût me rendre compte du sang que
ses pères avaient versé.

— Eh bien ! dit Blanca d'une voix dou-
loureuse, mais soutenue par l'accent d'une
grande âme, quelle est ta résolution ?

— La seule qui soit digne de toi, répondit Aben-Hamet : te rendre tes serments, satisfaire, par mon éternelle absence et par ma mort, à ce que nous devons l'un et l'autre à l'inimitié de nos dieux, de nos patries et de nos familles. Si jamais mon image s'effaçait de ton cœur, si le temps, qui détruit tout, emportait de ta mémoire le souvenir d'Abencerage..., ce chevalier français.... Tu dois ce sacrifice à ton frère. »

Lautrec se lève avec impétuosité, se jette dans les bras du Maure. « Aben-Hamet! s'écrie-t-il, ne crois pas me vaincre en générosité : je suis Français ; Bayard m'arma chevalier ; j'ai versé mon sang pour mon roi : je serai, comme mon parrain et comme mon prince, sans peur et sans reproche. Si tu restes parmi nous, je supplie don Carlos de t'accorder la main de sa sœur ; si tu quittes Grenade, jamais un mot de mon amour ne troublera ton amante. Tu n'emporteras point dans ton

exil la funeste idée que Lautrec, insensible
à ta vertu, cherche à profiter de ton malheur. »

Et le jeune chevalier pressait le Maure
sur son sein, avec la chaleur et la vivacité
d'un Français.

« Chevaliers, dit don Carlos à son tour,
je n'attendais pas moins de vos illustres
races. Aben-Hamet, à quelle marque puis-
je vous reconnaître pour le dernier Abencerage?

— A ma conduite, répondit Aben-Hamet.

— Je l'admire, dit l'Espagnol; mais,
avant de m'expliquer, montrez-moi quelque signe de votre naissance. »

Aben-Hamet tira de son sein l'anneau
héréditaire des Abencerages, qu'il portait
suspendu à une chaîne d'or.

A ce signe, don Carlos tendit la main au
malheureux Aben-Hamet. « Sir chevalier,
dit-il, je vous tiens pour prud'homme et
véritable fils de rois. Vous m'honorez par

vos projets sur ma famille : j'accepte le
combat que vous étiez venu secrètement
chercher. Si je suis vaincu, tous mes biens,
autrefois tous les vôtres, vous seront fidè-
lement remis. Si vous renoncez au projet
de combattre, acceptez à votre tour ce que
je vous offre : soyez chrétien, et recevez la
main de ma sœur, que Lautrec a demandée
pour vous. »

La tentation était grande ; mais elle
n'était pas au-dessus des forces d'Aben-
Hamet. Si l'amour dans toute sa puissance
parlait au cœur de l'Abencerage, d'une
autre part il ne pensait qu'avec épouvante
à l'idée d'unir le sang des persécuteurs au
sang des persécutés. Il croyait voir l'ombre
de son aïeul sortir du tombeau et lui re-
procher cette alliance sacrilége. Trans-
percé de douleur, Aben-Hamet s'écrie :
« Ah ! faut-il que je rencontre ici tant
d'âmes sublimes, tant de caractères généreux, pour mieux sentir ce que je perds !
Que Blanca prononce ; qu'elle dise ce qu'il

faut que je fasse pour être plus digne de
son amour ! »

Blanca s'écrie : « Retourne au désert ! »
et elle s'évanouit.

Aben-Hamet se prosterna, adora Blanca
encore plus que le ciel, et sortit sans pro-
noncer une seule parole. Dès la nuit même
il partit pour Malaga, et s'embarqua sur
un vaisseau qui devait toucher à Oran. Il
trouva campée près de cette ville la caravane qui tous les trois ans sort de Maroc,
traverse l'Afrique, se rend en Égypte, et
rejoint dans l'Yémen la caravane de la
Mecque. Aben-Hamet se mit au nombre
des pèlerins.

Blanca, dont les jours furent d'abord
menacés, revint à la vie. Lautrec, fidèle à
la parole qu'il avait donnée à l'Abencerage,
s'éloigna, et jamais un mot de son amour
ou de sa douleur ne troubla la mélancolie
de la fille du duc de Santa-Fé. Chaque
année, Blanca allait errer sur les montagnes
de Malaga, à l'époque où son amant avait

coutume de revenir d'Afrique ; elle s'as-
seyait sur les rochers, regardait la mer,
les vaisseaux lointains, et retournait ensuite
à Grenade : elle passait le reste de ses
jours parmi les ruines de l'Alhambra. Elle
ne se plaignait point ; elle ne pleurait
point ; elle ne parlait jamais d'Aben-Hamet :
un étranger l'aurait crue heureuse. Elle
resta seule de sa famille. Son père mourut
de chagrin, et don Carlos fut tué dans un
duel où Lautrec lui servit de second. On
n'a jamais su quelle fut la destinée d'A-
ben-Hamet.

Lorsqu'on sort de Tunis par la porte
qui conduit aux ruines de Carthage, on
trouve un cimetière : sous un palmier,
dans un coin de ce cimetière, on m'a
montré un tombeau qu'on appelle *le tombeau du dernier Abencerage*. Il n'a rien
de remarquable ; la pierre sépulcrale en
est tout unie : seulement, d'après une coutume des Maures, on a creusé au milieu
de cette pierre un léger enfoncement avec

le ciseau. L'eau de la pluie se rassemble au fond de cette coupe funèbre, et sert, dans un climat brûlant, à désaltérer l'oiseau du ciel.

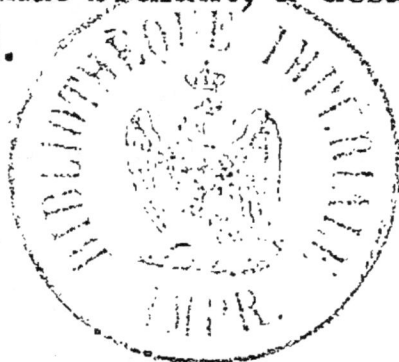

FIN DES AVENTURES DU DERNIER ABENCERAGE

9195.— IMPRIMERIE GÉNÉRALE DE CH. LAHURE

Rue de Fleurus, 9, à Paris

Imprimerie générale de Ch. Lahure, rue de Fleurus, 9, à Paris.

www.ingramcontent.com/pod-product-compliance
Lightning Source LLC
Chambersburg PA
CBHW060640100426
42744CB00008B/1699